AF456674

Vente des Lundi 20 et Mardi 21 Avril 1891

A DEUX HEURES

HOTEL DROUOT ÷ SALLE N° 5

Collection de M. Armand DUBARRY

TABLEAUX

Dessins, Aquarelles, Gravures

ANCIENS ET MODERNES

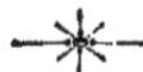

Exposition publique

Le Dimanche 19 Avril 1891, de 2 heures à 5 heures

Me G. BOULLAND
COMMISSAIRE-PRISEUR
Rue des Petits-Champs, n° 26

M. Ad. VAUTIER
EXPERT
Boulevard de Clichy, n° 50

PARIS — 1891

IMPRIMERIE MAULDE ET RENOU

A. MAULDE & Cie

IMPRIMEURS DE LA COMPAGNIE DES COMMISSAIRES-PRISEURS

Rue de Rivoli, 144

CATALOGUE

DES

TABLEAUX

DESSINS, AQUARELLES, GRAVURES

ANCIENS ET MODERNES

DE LA

Collection de M. Armand DUBARRY

Berchère, Bonnat, Bouguereau, G. Boulanger
J.-Lewis Brown, Chaplin, Cicéri, Civiale, N. Cochin
J. Coignet, Coroënne, Corot, Courbet
Daubigny, E. Delacroix, L. David, Deutmann, A. de Dreux
Camillle Dufour, Fragonard
N. Gœneutte, Giacobini, Guillaumet, Greuze, Hamon
Jongkind, J.-B. Huet, Hue, A. Jourdeuil, Lafon
Lambinet, Lafitte, Lazerges, Leprince, Marilhat, Monticelli
Karl Muller, Noterman
F. Pierdon, Revèsz Imre, Roybet, H. Véron, E. Yon, etc.

DONT LA VENTE AUX ENCHÈRES PUBLIQUES AURA LIEU

HOTEL DROUOT, SALLE N° 5

Les Lundi 20 et Mardi 21 Avril 1891

A DEUX HEURES

Me G. BOULLAND	M. Ad. VAUTIER
COMMISSSAIRE-PRISEUR	EXPERT
Rue des Petits-Champs, n° 26	**Boulevard de Clichy, n° 50**

CHEZ LESQUELS SE TROUVE LE PRÉSENT CATALOGUE

EXPOSITION PUBLIQUE

Le Dimanche 19 Avril 1891, de 2 heures à 5 heures

CONDITIONS DE LA VENTE

Elle sera faite au comptant.

Les Acquéreurs paieront, en sus des adjudications, CINQ CENTIMES PAR FRANC.

A. MAULDE et Cie, imprimeurs de la Cie des Commissaires-Priseurs, rue de Rivoli, 144. 300—13933

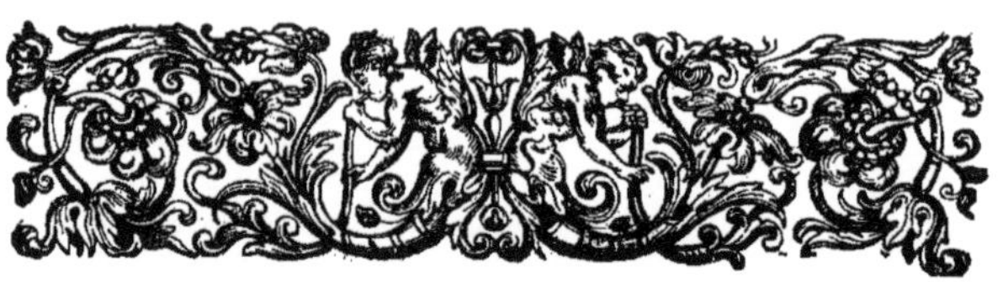

DÉSIGNATION

TABLEAUX

BACUET (P.)

1 — Paysage (Parc de Saint-Cloud en 1845).

2 — Paysage (Étude).

BERCHÈRE

3 — Paysage oriental (Étude).

BOLLING

PEINTRE NORWÉGIEN

4 — Pêcheuse de crevettes (Salon de 1876).

BONNAT

5 — Italienne (Étude).

BORGELLA

6 — Femme au tambourin.

BOUGUEREAU

7 — Étude d'atelier.

BROWN (John Lewis)

8 — Étude de Cheval.

CARACCIOLI

9 — Turcs chantant.

10 — Le Repos sur l'herbe.

11 — Jardinier Louis XV.

12 — Charette.

CARBONNIER

13 — Paysage.

14 — Paysage.

CHAPLIN

15 — Vénus.

FLEURY-CHENU

16 — Paysage.

CIVIALE

17 — Paysage.

18 — Paysage.

19 — Paysage.

COIGNET (J.)

20 — Auberge dans les montagnes.

CORÖENNE

21 — L'Oiseau.

COROT

22 — Jeune Italien.

23 — Vue d'Italie.

24 — La Chambre de Corot, à Auvers.

COURBET

25 — Nature morte.

26 — Étude.

DAUBIGNY

27 — Paysage.

28 — Le Soir (Bas-Meudon).

DELPY

29 — Paysage.

30 — Paysage d'Auvergne (Esquisse).

DEUTMANN

31 — Mère et Enfant.

32 — Portrait de jeune Fille.

33 — Paysage.

DIAZ

34 — Nymphe et Amours (Esquisse).

DUFOUR (Camille)

35 — Paysage.

J. DUPRÉ (?)

36 — Chaumière.

ÉCOLE ITALIENNE

37 — La Vierge et l'Enfant (cadre en bois sculpté).

GUDIN

38 — Le Phare de Saint-Malo.

39 — Orage.

HAMON

40 — Esquisse.

HERVIER (A.)

41 — Le Village.

HUE (Ch.)

42 — Manon Lescaut.

INNOCENTI

43 — Italienne (Esquisse).

JONGKIND

44 — Paysage d'Hiver.

JOURDEUIL (A.)

45 — Le Bas-Meudon.

46 — Ferme et Pommier.

47 — Falaise près de Concarneau.

48 — Village au bord de la mer (Morbihan).

49 — Pêcheur sardinier (Morbihan).

50 — Pêcheur de Thons (Concarneau).

LAFON (François).

51 — Frère et Sœur.

LAMBINET (E.)

52 — Paysage.

LAZERGES (Hippolyte)

53 — L'Arabe en marche.

LEDIEU

54 — Paysage.

LÉVY (H.)

55 - Étude d'Atelier.

MARILHAT (P.)

56 — Paysage oriental.

MICHEL (?)

57 — Paysage.

MILLOCHAU (E.)

58 — Le Meunier, son Fils et l'Ane.

MONTICELLI

59 — Fleurs.

60 — Paysage.

MULLER (Karl)

61 — Tête d'Africain.

62 — Arabe.

63 — Tête de Femme.

NOTERMAN

64 — Étude de Chien.

65 — Étude de Chien.

66 — Tête de Singe.

67 — Intérieur.

PETIT (E.)

68 — Fleurs.

PIERDON (F.)

69 — Parc de Saint-Cloud.

70 — Bois de Fausses-Reposes.

71 — Paysage du Nivernais.

72 — Paysage de l'Allier.

73 — Le Ravin (Nivernais).

74 — La Cascade (Allier).

75 — Bords de Marne.

76 — Sous Bois (Nivernais).

77 — Sous Bois (Allier).

78 — Falaise (Calvados).

79 — Paysage des bords de la Bièvre.

80 — Bergère et Chien (Nivernais).

81 — Sous Bois (Bois de Meudon).

82 — Sous Bois (Bois de Ville-d'Avray).

83 — Paysage des environs de Bonneuil.

84 — Paysage des environs d'Ormesson.

QUOST

85 — Fleurs.

REVESZ IMRE

86 — Portrait de Femme.

ROBERT (Léopold)

87 — Paysage et Figures.

SCHEFFER (Ary)

88 — Copie d'après Von Calcar.

VALLÉE (E.)

89 — Sous Bois.

VERNET (Horace)

90 — Esquisse.

VERNON (P.)

91 — Etude d'Arbres.

VÉRON (H.)

92 — Paysage
93 — Paysage.
94 — Paysage.
95 — Paysage.
96 — Paysage.

YON (E.)

97 — Intérieur.

?

98 — Remorqueur.

99 — Deux Panneaux décoratifs.

DESSINS, AQUARELLES, etc.

ALBERT-BERTRAND

100 — Dessin à la plume.

BONMARTEL

101 — Le Camp du Drap d'Or.

BOUCHER

102 — Sanguine.

103 — Sanguine.

BOULANGER (G.)

104 — Femme arabe assise.

105 — Blidah.

106 — Jeune Fille algérienne.

107 — Arabe couché.

CHARLET

108 — Grenadiers à cheval.

109 — Tête d'enfant. (Sanguine).

CHAUVET

110 — Femme au Cerf.

CICERI (E.)

111 — Gouache.

112 — Gouache.

113 — Gouache.

114 — Gouache.

115 — Gouache.

COCHIN (N.)

116 — Dessin à la plume.

DAVID (L.)

117 — Trois Académies.

118 — Trois Académies.

119 — Quatre Académies.

DECAMPS

120 — Un Chien.

DELACROIX (E.)

121 — Tigre bâillant.

122 — Trois Dessins.

123 — Trois Dessins.

124 — Cinq Dessins.

DREUX (A. DE)

125 — Trois Dessins.

126 — Trois Dessins.

127 — Deux Dessins.

DUBOIS (P.)

128 — La Prière.

DUBUFE (E.)

129 — Dessin à la mine de plomb.

DUCOLOMBIER

130 — Aquarelle.

FIELDING (N.)

131 — Aquarelle.

FRAGONARD

132 — Sanguine.

133 — Nymphes et Satyres.

FRANÇAIS

134 — Aquarelle.

GÉRARD (F.)

135 — Un Chambellan.

GÉRICAULT

136 — Un Cuirassier.

GIACOBINI

137 — Gouache.

GREUZE

138 — Portrait.

GUILLAUMET

139 — La Halte au Désert.

HERVIER (A.)

140 — Aquarelle.

HUET (J.-B.)

141 — Bergère et Berger.

ISABEY (E.)

142 — Gouache.

JONGKIND

143 — Marine.

KARL (A.)

144 — Dessin à la plume.

LAFITTE

145 — Portrait de Sir Egerton.

146 — La Famille.

147 — Paysage.

LAMI (E.)

148 — Cavalier anglais.

149 — Tambour anglais.

150 — Aquarelle.

LAGRENÉE

151 — Sanguine.

LATOUR (F.)

152 — Portrait.

LAUTHERBOURG

153 — Sépia.

LEBAS (H.)

154 — Gouache.

LÉPICIE

155 — Portrait de Femme.

LEPRINCE

156 — Portrait d'Actrice.

157 — Femme qui pleure.

LUCAS

158 — Portrait de Femme.

159 — Armure (Dessin à la plume).

MEISSONIER (?)

160 — Deux Causeurs.

J. M.

161 — Portrait d'Artiste.

PASCAL

162 — Pastel.

PILS

163 — Tambours.

PRUDHON

164 — Jeune Fille.

PUGET (P.)

165 — Fontaine monumentale.

166 – Fontaine monumentale.

De PUYDT (1786)

167 — Portrait de Femme.

ROUSSEAU (Th.)

168 — Dessin en couleur.

ROYBET

169 — Fusain.

De SCHAUENBURG

170 — La Femme à l'encan. (Scène anglaise. Aquarelle).

SOHELSHOUT

171 — Sépia.

TAGLIANO

172 — Aquarelle.

De TARADE

173 — Sépia.

VERNET (Horace).

174 — Gravure en couleur.

WATTEAU (?)

175 — Tête de Femme.

?

176 — Pastel : Fleurs.

EAUX-FORTES

GŒNEUTTE (N.)

177 — Intérieur de Boucherie. (Épreuve d'essai. Très rare.)

MARVY (L.)

178 — Paysage.

179 — Paysage.

180 — Paysage.

181 — Paysage.

182 — Paysage.

183 — Paysage.

184 — Paysage.

OSTADE (V.)

185 — Violon et Vielle.

PILS

186 — Un Cuirassier.

REMBRANDT

187 — Fuite de l'Ange.

188 — Nécessité n'a pas de loi.

189 — Madame Putiphar.

190 — Dans les Blés.

191 — La Samaritaine.

192 — Les Marchands chassés du Temple.

193 — La Résurrection de Lazare.

194 — Sous ce numéro plusieurs Lots de Dessins, Gravures, Photographies, etc.

IMPRIMERIE A. MAULDE ET Cie
144, RUE DE RIVOLI. — PARIS

[illegible]

[illegible]

[illegible]

[illegible]

www.ingramcontent.com/pod-product-compliance
Ingram Content Group UK Ltd.
Pitfield, Milton Keynes, MK11 3LW, UK
UKHW022145260726
13993UKWH00005B/2171

9 782329 519999